Inhaltsverzeichnis

Vorwort

„Ich töpfere gern, weil Ton sich so gut anfühlt!" Die Aussage dieses Schülers steht wohl stellvertretend dafür, was viele Kinder denken, und sollte uns als Lehrkräfte motivieren, im Unterricht mit den Schülern* zu töpfern.

Das Arbeiten mit Ton ist für Schüler eine echte Sinneserfahrung! Sie fühlen und formen mit ihren Händen, selbst Kunstmuffel sind hoch motiviert. Kinder freuen sich, den Ton kräftig kneten zu können. Vielleicht bauen sie auch innere Unruhen dabei ab. Töpfern wir Lehrer oder Erzieher mit Schülern, fördern wir ihre feinmotorischen Fähigkeiten, entfalten ihre Kreativität und erhalten gleichzeitig ansprechende Kunstobjekte. Zudem ist Ton ein relativ günstiges Arbeitsmaterial, sodass es in Schulen oder anderen Einrichtungen gut eingesetzt werden kann.

Die Argumente sprechen sicherlich schon für sich. Darum wollen wir Sie mit unseren Kunstprojekten in diesem Band dazu ermuntern, mit Schülern zu töpfern. Immer wieder erleben wir selbst, wie motiviert und begeistert Schüler mit Ton arbeiten.

Wir haben eine **Vielfalt** an **Unterrichtsprojekten** zusammengestellt. Sie unterscheiden sich im Schwierigkeitsgrad (gekennzeichnet durch Sternchen ★ / ★★ / ★★★) und im Aufwand. Wie jedes einzelne Projekt auch mit anderen Bereichen des Kunst- und Schulunterrichts verknüpft werden kann, wird jeweils aufgezeigt. Alle Projekte sind von uns erprobt.
Durch die detaillierte Beschreibung und die Fotos können Sie die Projekte leicht nachvollziehen und diese mit ihren Schülerinnen und Schülern durchführen. Die **Materialien**, die Sie benötigen, sind aufgelistet. Auch den **Lehrplanbezug** zeigen wir auf und für die **Leistungsbewertung** geben wir mögliche Kriterien vor.
Allgemeine Informationen zum Töpfern und zu der Ausstattung erhalten Sie im ersten Kapitel dieses Bandes.

Töpfern Sie also mit Hilfe dieses Bandes mit Ihren Schülern Igel, Seelenvögel, Fische, Hühner und Hähne. Oder bringen Sie die Schüler dazu, ihrer Fantasie freien Lauf zu lassen, indem sie Pilze und Fantasiewesen gestalten. Erstellen Sie mit den Schülern Fliesen mit Mustern, das Spiel „Tic Tac Toe" oder arbeiten Sie nach Motiven der Künstlerin Rosina Wachtmeister.

Wir sind uns sicher, dass Sie sagen werden, dass sich auch für Sie die Arbeit mit Ton gut anfühlt – und nicht nur mit den Händen.

Natascha Harth und Verena Jansen

***Hinweis:** Aus Gründen der besseren Lesbarkeit wird in diesem Heft auf die Differenzierung von Schülerinnen und Schülern verzichtet. Selbstverständlich sind stets beide Geschlechter angesprochen.

Allgemeines zum Töpfern

Arbeitsschritte beim Töpfern

Bevor mit Schülern getöpfert wird, müssen zuerst die Arbeitsmaterialien gekauft und ein Arbeitsraum vorbereitet werden. Danach können Tonobjekte erstellt werden. Die Arbeitsschritte sind dabei immer gleich.

1. Formen eines Objektes mit Ton
2. Trocknen des Objektes
3. Brennen des Objektes

Optional

4. Auftragen von Glasuren	4. Bemalen mit Acrylfarben
5. Weiterer Brennvorgang	

Räumlichkeiten

An Schulen wird das Töpfern wahrscheinlich meistens im Klassenraum stattfinden. Noch besser ist es aber, wenn eine Schule über einen Werk- oder Kunstraum verfügt. Das hat den Vorteil, dass die gesamten Materialien vor Ort zur Verfügung stehen. Außerdem müssen Schüler und Lehrpersonen nach dem Töpfern nicht alles so penibel sauber machen wie in einem Klassenraum, in dem die Schüler anschließend mit sauberen Heften und Büchern arbeiten.
Des Weiteren verfügt das Waschbecken eines Kunst- oder Werkraumes häufig über einen Tonabscheider. Hierbei ist die Gefahr, dass Tonreste das Waschbecken verstopfen, ausgeschlossen. Arbeiten die Schüler in Räumen ohne Tonabscheider am Waschbecken, sollte darauf geachtet werden, dass keine Tonreste in den Abfluss gelangen. Ganz sicher auszuschließen ist eine Verstopfung, wenn die Schüler ihre Hände in aufgestellten, mit Wasser gefüllten Eimern reinigen. Diese dürfen nicht im Abfluss entsorgt werden. Da Ton ein Naturmaterial ist, kann das Wasser auf einer Wiese entsorgt werden.

Ton

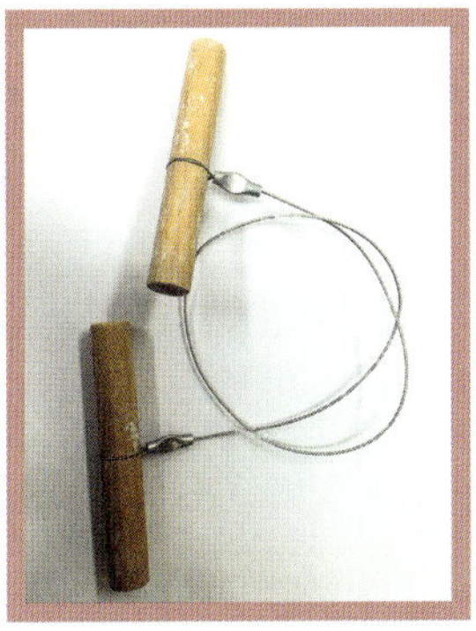

Ton gibt es in Stangen und in unterschiedlichen Farbtönen zu kaufen. Am Ende des Kapitels nennen wir drei Internetadressen für den Bezug von Töpfermaterialien. Natürlich können Sie auch Bastelgeschäfte und Keramikfachhandlungen vor Ort oder Internetshops nutzen. Wir empfehlen Schulton in Weiß und Rot, da dieser gut zu verarbeiten und günstig ist. Um die Stangen portionsgerecht für die Schüler zuzuschneiden, gibt es Tonabschneider im Handel zu kaufen. Ist davon keiner zur Hand, genügt auch ein ca. 20–30 cm langes Drahtstück, das an den Enden an zwei Holzstäben befestigt ist.
Alle Tonreste oder angebrochenen Tonstangen sollten in einer luftdichten Verpackung aufbewahrt werden, damit der Ton nicht austrocknet. Dazu kann die Plastikhülle des Tons genutzt werden, die dann mit einer Küchenverschlussklemme verschlossen wird.

Brennofen

Viele Schulen haben das Glück, einen Brennofen zu besitzen. Beim Kauf eines Brennofens berät Sie der Keramikfachhandel vor Ort. Töpfern und somit auch viele der beschriebenen Projekte sind aber auch ohne das Brennen der Objekte möglich. Allerdings sind die Objekte dann leichter brüchig, nicht wetterfest und weniger langlebig.

Grundlegend muss das Tonobjekt einmal gebrannt werden, nachdem es geformt wurde. Das erste Brennen der Tonobjekte nennt man Schrühbrand oder Rohbrand. Dieser wird erst nach 7–10 Tagen Trocknungszeit durchgeführt. Nach dem Auftrag der Glasuren wird ein zweites Mal gebrannt. Dieser zweite Brand wird Glasurbrand genannt.

Besonderheiten beim Arbeiten mit Ton

Bei der Arbeit mit Ton müssen einige grundlegende Dinge beachtet werden, damit der Brennvorgang erfolgreich ist.
Tonobjekte, die einen größeren, dickeren Körper haben, müssen von unten etwas ausgehöhlt werden. Nur dann können die Objekte auch von innen trocknen und drohen beim Brennvorgang nicht zu platzen.

Müssen nasse Tonteile miteinander verbunden werden, setzen die Schüler die Teile aufeinander und verbinden die Stücke an den aufeinandertreffenden Stellen mit etwas Wasser. Es ist wichtig, dass sie richtig verbunden werden, da die Teile sonst nicht aufeinander halten und beim Brennen auseinanderbrechen. Eine hilfreiche Möglichkeit ist es, die beiden Teile an den Verbindungsstellen mit Holzstäbchen anzuritzen, sie dann festzudrücken und außen mit Wasser glatt zu streichen. Dazu nehmen die Schüler mit dem Finger etwas Wasser auf und verstreichen den Ton an den Verbindungsstellen sehr gründlich von allen Seiten.

Wenn ein Tonobjekt trocknet, dann schrumpft es noch minimal zusammen, da der Ton dann die Feuchtigkeit und somit an Masse verliert. Dies muss beim Einstechen von Löchern oder möglichen Aufhängungsmöglichkeiten bedacht werden. Am besten trocknet man die Tonteile auf Holzunterlagen, alternativ eignen sich Tischsets oder Plastikdecken. Versehen Sie die Tonobjekte jeweils mit dem Namen des Kindes, damit sie später besser zugeordnet werden können.

Farbauftrag mit Glasuren oder Acrylfarben

Glasuren werden nach dem ersten Brennvorgang mit Pinseln aufgetragen. Danach wird das Objekt ein zweites Mal gebrannt. Es gibt Flüssigglasuren und Pulverglasuren zum Anrühren. Egal, ob Flüssigglasuren oder Pulverglasuren benutzt werden, die Farbe muss zweimal aufgetragen werden (malen – 1 Minute trocknen lassen – malen).

Da Glasuren beim Farbauftrag eher pastellfarben aussehen und noch nicht die „wirkliche" Farbe

preisgeben, ist es sinnvoll, im Vorfeld kleine Farbplatten zu erstellen. Ansonsten ist es für die Schüler schwierig, sich den Farbton richtig vorstellen zu können.
Um die Werke zu verschönern, kann man sie auch mit Acrylfarben bemalen. Sie werden nach dem Schrühbrand aufgetragen. Danach wird der Ton nicht noch einmal gebrannt. Wetterfest werden die Objekte allerdings nur, wenn man Glasuren verwendet. Die Glasuren haben zudem eine ganz andere farbliche Wirkung als Acrylfarben.

Sonstiges Material

Die Hauptwerkzeuge beim Töpfern sind natürlich die Hände der Schüler. Eine *Grundausrüstung* von Modellierwerkzeugen zum Aushöhlen, Einritzen und Modellieren ist empfehlenswert. Zudem können Materialien wie Holzspieße, Knoblauchpressen, Messer und Gabeln genutzt werden.

Für zwei bis vier Schüler (je nach Anordnung der Tische) werden *Schälchen mit Wasser* benötigt. Denn mit dem Wasser fügen die Kinder dem Ton erneut Feuchtigkeit zu. Mit dem Wasser können sie dann Tonteile verbinden und auch eventuelle Risse verstreichen.
Als Untergrund für das Töpfern bieten sich *Holzbrettchen* oder *dicke Pappen* an. Papiere sind ungünstig, da der Ton daran kleben bleibt. Am einfachsten ist es natürlich, direkt auf den Tischen zu töpfern. Dann müssen die Tische anschließend gründlich gereinigt und eventuell anklebende Tonreste vorsichtig abgeschabt werden.

Um Tondecken (1 cm dick) gleichmäßig auszurollen, bietet es sich an, ein großes *Holzbrett* (ca. 40 x 40 cm) zu nutzen. Darauf werden zwei Holzlatten (1 x 1 cm, 40 – 50 cm Länge) gelegt. Der Ton wird nun zwischen die Holzlatten gelegt und die Backrolle so lange hin und herbewegt, bis die Backrolle auf den Holzlatten aufliegt. Wegen der Beschichtung auf Schultischen ist ein Ausrollen auf dem Tisch nicht zu empfehlen, da die Tondecke kleben bleibt und beim Hochheben reißen könnte.

Beim Arbeiten mit Ton werden Lappen benötigt. Das können zum Beispiel alte zerschnitte Handtücher oder Stoffreste sein. Sie dienen dazu, Finger und Hände während der Arbeit mit Ton zu trocknen. Auch Pinsel werden damit gesäubert. Nachdem die Objekte fertig geformt wurden, werden die Lappen außerdem zum Reinigen der genutzten Materialien benötigt.
Bei einigen Projekten wird eine *Heißklebepistole* benötigt. **Diese sollte immer von der Lehrkraft bedient werden!**

Zusammenstellung der Grundausstattung an Materialien

Ton • Brennofen • Glasuren / Acrylfarben • Tonabschneider • Modellierwerkzeuge • Alltagsmaterialien wie Messer, Gabeln, Knoblauchpressen oder Holzstäbchen • Unterlagen zum Arbeiten mit Ton

Internetadressen

Gerstaecker *(www.gerstaecker.de)* • Boesner *(www.boesner.com)* • Keramik Kraft *(www.keramik-kraft.com)*

Fliesen

Zeit
1 – 2 Unterrichtsstunden

Material
Keramikfliesen (12 x 12 cm), Bleistift, Wattestäbchen, verschiedene Glasuren, Schälchen für Glasuren / Farben, evtl. Acryl- oder Wasserfarbe, evtl. Malpapier, Wasserglas, Lappen, evtl. Holzbrett, Heißklebepistole (zum Aufhängen der Fliesen durch die Lehrkraft), luftdichte Verpackung

Bereiche und Schwerpunkte
- Farbiges Gestalten – Erproben von Materialien, Techniken und Werkzeugen; zielgerichtet gestalten
- Grafisches Gestalten – Erproben von Materialien, Techniken und Werkzeugen; zielgerichtet gestalten

Lernziele und Kompetenzerwartungen
- Erstellen einer Keramikfliese durch Gestaltung mit Dot-Painting
- Malen mit Glasuren
- kreatives Einsetzen von Farbe bei der Gestaltung der Fliese
- Erproben des Druckens mit dem Werkzeug Wattestäbchen

Vorgehensweise
1. Vor der Unterrichtsstunde füllt die Lehrkraft verschiedene Glasuren in Schälchen ab und stellt diese für die Schüler bereit.

2. Zunächst wird den Schülern erklärt, dass Glasuren zweimal auf das Objekt aufgetragen werden müssen, damit die Farbkraft nach dem Brand gut durchkommt. Dann erläutern Sie den Schülern die Technik des Dot-Paintings. Bei dieser Technik werden Punkte aneinandergesetzt, sodass daraus ein Muster entsteht. Man benutzt dazu verschiedene Farben. Falls die Schüler den Druck mit Wattestäbchen noch nicht kennen, sollte man diese Technik vor der Gestaltung der Keramikfliese von den Schülern mit Acryl- oder Wasserfarbe auf Malpapier ausprobieren lassen. Sind die Schüler sicher im Umgang mit dem Wattestäbchendruck, können sie mit der farblichen Ausgestaltung der Keramikfliese beginnen.

   Wattestäbchendruck:
   - Das Wattestäbchen wird in Farbe getunkt und dann auf das Probeblatt oder die Fliese gedruckt.
   - Es sieht am wirkungsvollsten und saubersten aus, wenn sich die Wattestäbchen-Punkte des Dot-Paintings nicht überlappen, sondern eng nebeneinander angeordnet werden.

3. Die Schüler überlegen, welches Muster sie gestalten möchten, und zeichnen dieses leicht mit Bleistift auf die Fliese vor. Dann drucken sie mit dem Wattestäbchen über die Bleistiftvorzeichnung, damit diese im Nachhinein nicht mehr zu sehen ist.

Fliesen

4. Im Anschluss werden die Fliesen mit dem Glasurbrandprogramm gebrannt. Der Rohbrand fällt bei diesem Projekt weg, da die Fliesen bereits gebrannt wurden.

Kriterien zur Leistungsbewertung

- Wie sorgfältig wurde gearbeitet (Farbauftrag, gleichmäßige Größe und Anordnung der Punkte)?
- Wie kreativ ist die Gestaltung des Musters und des Gesamtwerkes?

Unsere Erfahrung

Die Schüler überlegen sehr genau, welches Muster sie auf die Keramikfliese drucken. Viele verbinden diese Mustergestaltung mit der Erstellung eines Mandalas und haben die Fliesen im Nachhinein „Mandalafliesen" genannt.

Weiterführende Ideen

Bei diesem Projekt bietet es sich an, eine Fliesencollage aus allen Keramikfliesen zu gestalten. Die einzelnen Keramikfliesen werden dann von der Lehrkraft mit der Heißklebepistole auf einem Holzbrett befestigt.

Schülerarbeiten

Igel

Zeit

3 Unterrichtsstunden

Material

Schulton, Tonabschneider, Schälchen für Wasser, evtl. Unterlage zum Gestalten, Tonwerkzeuge, Holzstäbchen, Schälchen für Farbe, Glasuren, Wasserglas, Lappen, Pinsel, luftdichte Verpackung
Material für die Gestaltung einer Igelumgebung (optional): Rinde, Moos, gesammelte Herbstdekoration, Heißklebepistole

Bereiche und Schwerpunkte

- Räumliches Gestalten – Erproben von Materialien, Techniken und Werkzeugen; zielgerichtet gestalten
- Farbiges Gestalten – Erproben von Materialien, Techniken und Werkzeugen; zielgerichtet gestalten

Lernziele und Kompetenzerwartungen

- Experimentieren und Formen mit Ton
- Erweiterung der Fertigkeiten im Umgang mit Farben
- Erstellung einer Igelumgebung (optional)

Vorgehensweise

1. Die Lehrkraft schneidet für jedes Kind eine 1 cm dicke Tonscheibe von dem Tonblock ab und teilt sie an die Schüler aus.

2. Die Schüler kneten den Ton gut durch und formen dann eine dicke Rolle (ca. 4–5 cm Durchmesser). Beim Formen können die Schüler ihre Finger immer mal wieder mit etwas Wasser befeuchten. Diese Rolle lassen sie an einer Seite ein wenig spitzer zulaufen. Das wird die spätere Igelschnauze. An der anderen Seite wird das Tonende etwas abgerundet als Hinterteil des Igels. Die Schüler müssen beim Formen darauf achten, dass der Igel an der Körperunterseite leicht platt gedrückt wird, damit er gut aufliegt. Die Stacheln des Igels werden mit zwei Fingern geformt. Dazu hält jedes Kind den Igel mit einer Handfläche fest, mit der anderen Hand zieht es mit Hilfe des Daumens und des Zeigefingers kleine Spitzen aus der Tonrolle heraus. Diese Rollen dürfen nicht zu dünn sein, da sie sonst leicht abbrechen. Mit Hilfe eines Holzstäbchens ritzen die Schüler dem Igel noch Augen, Mund und eventuelle Schnurrhaare ein.
   Wichtig ist nun noch, den Igel von unten etwas auszuhöhlen. So kann der Igelkörper auch von innen antrocknen. Beim Brennvorgang kann nicht zu viel Druck entstehen und das Objekt platzen. Der ausgeschabte Ton kann wieder verwendet werden und muss daher möglichst schnell luftdicht verpackt werden.

3. Die Igel kommen nach 7–10 Tagen Trocknungszeit in den Brennofen.

Igel

4. Nach dem Schrühbrand malen die Schüler die Igel mit Glasuren an. Sie achten darauf, die Farben zweimal aufzutragen.

5. Anschließend kommen die Igel für den Glasurbrand erneut in den Brennofen.

Optional kann nun die Igelumgebung gestaltet werden:

1. Als Vorbereitung sollen die Schüler ein Stück Rinde, etwas Moos und eventuell weitere Herbstdekorationen mitbringen. Alternativ kann diese auch im Klassenverband bei einem Waldspaziergang gesammelt werden.

2. Die Schüler starten mit der Gestaltung der Igelumgebung und legen das Moos auf das mitgebrachte Rindenstück. Darauf wird der Igel gesetzt und von der Lehrkraft mit etwas Heißkleber fixiert. Darum herum werden die gesammelten Herbstteile (Eicheln, Zapfen etc.) gelegt und eventuell fixiert.

Schülerarbeit

Kriterien zur Leistungsbewertung

- Wie sorgfältig wurde geformt?
- Wie sorgfältig wurde die Farbe aufgetragen?

Die Umgebung des Igels:

- Wie sorgfältig und eigenständig wurde gearbeitet?
- Wurden die gesammelten Materialien eingesetzt?

Unsere Erfahrung

Dieses Projekt hat den Schülern im Herbst besonders viel Spaß gemacht, weil viele davon erzählt haben, dass ein Igel bei ihnen im Garten wohnen würde und sie genau diesen Igel gestalten möchten. Für einige Schüler war das Formen der Stacheln schwierig, aber nach etwas Übung ist auch das gut gelungen.

Weiterführende Ideen

Im Fach Sachunterricht kann zum Thema Igel, Herbst oder Wald gearbeitet werden.
Im Fach Deutsch könnte eine kleine Geschichte verfasst werden, was der Igel bei seinem Waldspaziergang erlebt.

Schülerarbeit

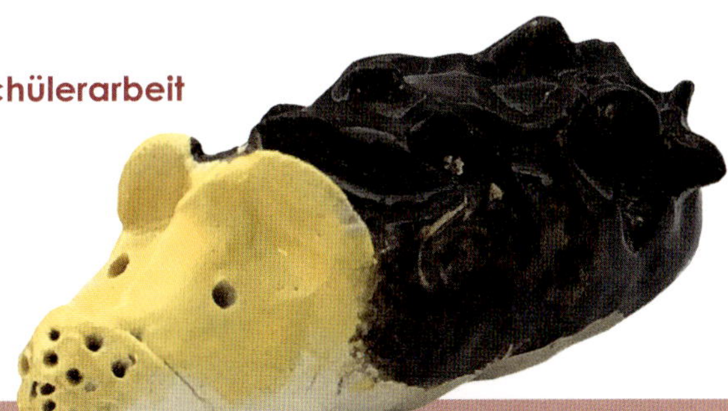

Igel

Spiel „Tic Tac Toe"

Zeit
4 Unterrichtsstunden

Material
2 Brettchen, Schulton, großes Holzbrett (ca. 40 x 40 cm), Backrolle, Holzlatten (Dicke ca. 1 x 1 cm), Schälchen für Wasser, Glasuren oder Acrylfarbe, Schälchen für Glasuren / Farben, Pinsel, Wasserglas, Lappen, Spielanleitung, luftdichte Verpackung

Bereiche und Schwerpunkte
- Räumliches Gestalten – Erproben von Materialien, Techniken und Werkzeugen; zielgerichtet gestalten
- Grafisches Gestalten – Erproben von Materialien, Techniken und Werkzeugen

Lernziele und Kompetenzerwartungen
- Experimentieren und Formen mit Ton
- Herstellung eines Spielbretts und der Spielfiguren aus Ton
- Gestalten der Spielfläche des Spielfeldes und der Spielfiguren mit Farbe
- Zeichnen eines Spielfeldes

Vorgehensweise

1. Jedes Kind bekommt ein Stück vom Schulton (ca. 3 – 4 cm dick), den es gut durchkneten muss. Dann nimmt sich das Kind ein großes Holzbrett, worauf es sein Tonstück glatt ausrollt. Dies gelingt besonders genau, wie auf Seite 5 beschrieben, mit der Backrolle und den Holzlatten. Die Form der Tondecke ist individuell, da sie für den Spielverlauf nicht relevant ist. Ist die Tondecke groß genug (ca. 20 x 20 cm), legt das Kind die Tondecke auf ein Brettchen. Damit ist das Spielbrett bereits gestaltet und kann für 7 – 10 Tage zum Trocknen gestellt werden.

2. Ein weiteres Stück Ton (ca. 1 cm) wird von den Schülern kräftig durchgeknetet. Daraus formen die Schüler zehn kleine Kugeln. Das sind die späteren Spielfiguren. Damit die Kugeln gut auf der Spielfläche aufliegen und während des Spiels nicht herunterrollen, werden die noch feuchten Tonkugeln mit einer Seite platt auf das Brettchen gedrückt. Auch diese zehn Kugeln werden für 7 – 10 Tage zum Trocknen auf ein Brettchen gelegt.

Spiel „Tic Tac Toe"

3. Nach der Trocknungszeit kommen die Spielbretter und die Spielfiguren für den Schrühbrand in den Brennofen.

4. Vor der nächsten Unterrichtsstunde füllt die Lehrkraft verschiedene Glasuren in Schälchen ab und stellt diese für die Schüler bereit. Das Spielfeld wird einmal an der Tafel vorgezeichnet, damit die Schüler es abzeichnen können.

Schülerarbeit

5. Im nächsten Schritt wird die Spielfäche mit einer Glasurfarbe zweimal auf die obere Seite des Spielbrettes gemalt.

6. Nachdem die Glasur getrocknet ist, wird das Spielfeld zweimal mit schwarzer Glasur auf die Spielfläche gemalt.

7. Von den zehn Spielsteinen werden je fünf Spielsteine auch zweimal mit einer Farbe bemalt, damit der Farbauftrag und die Farbgebung nach dem zweiten Brand gleichmäßig sind.

8. Danach kommt das gesamte Spiel für den zweiten Brand in den Brennofen.

Variante

Wenn die Objekte mit Acrylfarbe bemalt werden sollen, ist dies nach dem Schrühbrand möglich.

Tipp

Eine Spielanleitung finden Sie unter *www.google.de;* Suchbegriff: „Tic Tac Toe Spielanleitung".

Kriterien zur Leistungsbewertung

- Wie sorgfältig wurde das Spielfeld ausgerollt?
- Wie sorgfältig wurden die Kugeln gestaltet?
- Wie genau wurden die Spielfläche und das Spielfeld gemalt?
- Sind die Farben gleichmäßig aufgetragen?

Unsere Erfahrung

Die Schüler kannten das Spiel bereits von den täglichen Busfahrten zur Schule. Dort wurde das Spiel immer an der Scheibe gespielt. Dies ging natürlich nur, wenn die Busscheiben beschlagen waren. Nun sind die Schüler glücklich, dass sie sowohl zu Hause als auch in der Schule eine Möglichkeit haben, dieses Spiel zu spielen.

Weiterführende Ideen

Auf diese Art und Weise ist es natürlich auch möglich, verschiedene Spiele (Mühle, Dame etc.) zu erstellen. Im Fach Deutsch können parallel dazu Spielanleitungen geschrieben werden.

Spiel „Tic Tac Toe"

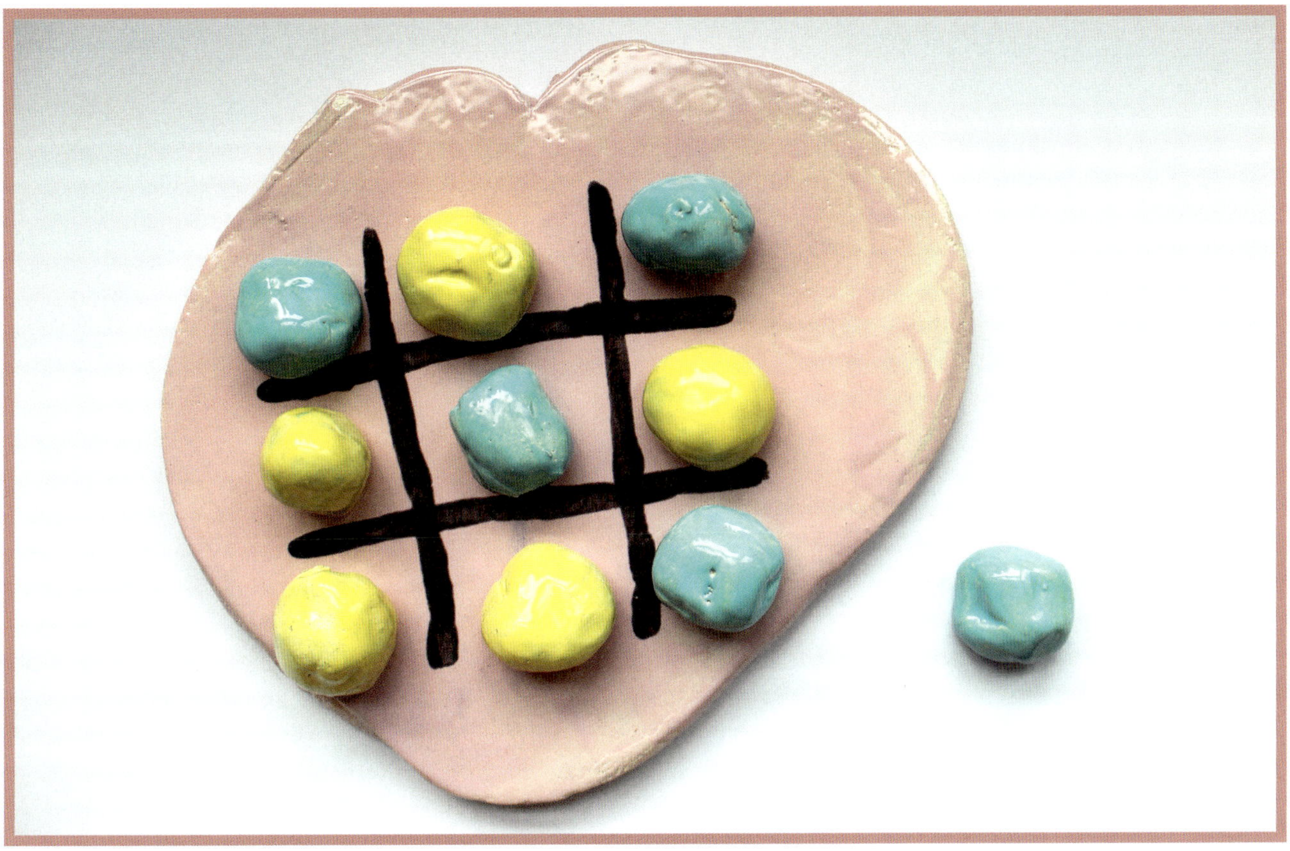

Seelenvogel

Zeit
4 Unterrichtsstunden

Material
Bilderbuch „Der Seelenvogel“ von Michal Snunit, DIN-A4-Blatt, Bleistift, Radiergummi, Schere, Schulton, Tonabschneider, großes Holzbrett (ca. 40 x 40 cm), Backrolle, Holzlatten (ca.1 x 1 cm), evtl. Unterlage zum Gestalten, Holzstäbchen, Schälchen für Wasser, Strohhalme, Glasuren, Schälchen für Glasuren / Farben, Pinsel, Wasserglas, Lappen, evtl. Acrylfarben, luftdichte Verpackung

Bereiche und Schwerpunkte
- Farbiges Gestalten – Erproben von Materialien, Techniken und Werkzeugen; zielgerichtet gestalten; Präsentieren
- Grafisches Gestalten – Erproben von Materialien, Techniken und Werkzeugen; zielgerichtet gestalten

Lernziele und Kompetenzerwartungen
- Entdeckung von eigenen Ideen für die Gestaltungsmöglichkeiten eines Seelenvogels
- Zeichnung eines Seelenvogels
- farbiges Gestalten des getöpferten Seelenvogels
- Einsetzen von Farbwirkung beim Seelenvogel

Vorgehensweise
1. Lesen Sie den Schülerinnen und Schülern die Geschichte „Der Seelenvogel“ von Michal Snunit vor. Zeigen Sie ihnen auch die Illustrationen aus dem Buch.

2. Die Kinder überlegen sich, wie ihr eigener Seelenvogel momentan aussehen könnte.

3. Nun erhält jedes Kind ein DIN-A4-Blatt und soll seinen Seelenvogel aufzeichnen. Erfahrungsgemäß wird viel radiert, bis jedes Kind mit seinem Seelenvogel zufrieden ist. Dieser wird dann ausgeschnitten.

4. Im nächsten Schritt erhält jedes Kind ein Stück Schulton (ca. 3 – 4 cm dick), den die Lehrkraft mit dem Tonabschneider abtrennt. Den Ton muss das Kind gut durchkneten. Dieses Tonstück wird anschließend von jedem Kind auf einem großen Holzbrett mit einer Backrolle glatt ausgerollt. Dies gelingt besonders genau mit der Backrolle und den Holzlatten, wie auf Seite 5 beschrieben. Ist die Tondecke so groß wie die Zeichnung, legt das Kind die Tondecke auf eine kleinere Unterlage. Nun wird der Seelenvogel auf die Tondecke gelegt und mit Hilfe des Holzstäbchens am Rand entlang ausgeschnitten. Dazu muss das Holzstäbchen bis auf die Unterlage in die Tondecke gedrückt und dann am Rand der Vorlage entlanggezogen werden.

Seelenvogel

5. Die Schüler streichen jetzt den Rand des Seelenvogels mit dem feuchten Zeigefinger etwas glatt, sodass bei der Aushärtung keine unschönen Kanten zurückbleiben. Im Anschluss werden dem Seelenvogel mit Hilfe des Holzstäbchens weitere Details (z. B. Augen, Flügel, Federn etc.) eingeritzt.

6. Ist das Kind mit der Gestaltung einer Seelenvogelseite zufrieden, muss der Seelenvogel auf der Unterlage umgedreht werden. Dann gestaltet das Kind die andere Seite.

7. Sollen die Seelenvögel aufgehängt werden, so muss oben am Rand ein Loch für die spätere Aufhängung gemacht werden. Dies ist mit einem Strohhalm besonders gut möglich.

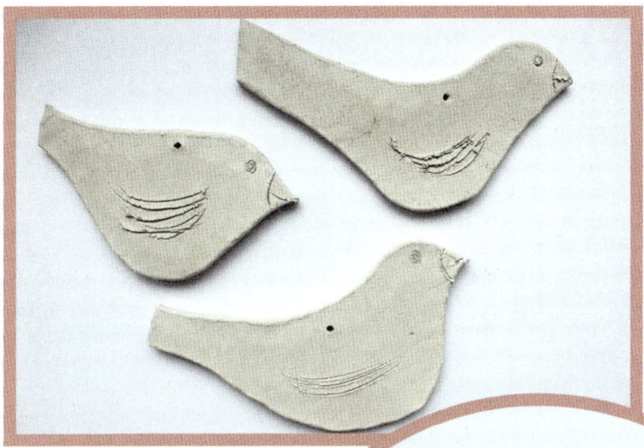

Schülerarbeiten

8. Wenn die Schüler zufrieden sind, sollte der Seelenvogel für ungefähr 7 – 10 Tage zum Trocknen gelegt werden, bevor er im Brennofen gebrannt wird.

9. Nach dem Schrühbrand und vor der nächsten Unterrichtsstunde füllt die Lehrkraft verschiedene Glasuren in Schälchen ab und stellt diese für die Schüler bereit.

10. Im nächsten Schritt wird der Seelenvogel mit Glasur bemalt. Wichtig ist, dass die Schüler die Glasur zweimal auftragen, damit der Farbauftrag und die Farbgebung gleichmäßig sind.

11. Danach kommt der Seelenvogel für den zweiten Brand in den Brennofen.

Variante

Werden die Seelenvögel nach dem Trocknen nicht im Brennofen gebrannt, können die Schüler sie nach der Trocknungszeit auch mit Acrylfarbe bemalen.

Kriterien zur Leistungsbewertung

- Wie detailliert wurde der Seelenvogel gezeichnet?
- Wurde der Seelenvogel genau und sorgfältig aus der Tondecke geritzt?
- Wie kreativ ist die Farbgestaltung des Seelenvogels?
- Wurde die Glasur / Acrylfarbe sorgfältig aufgetragen?

Schülerarbeit

Seelenvogel

Unsere Erfahrung

Das Buch „Der Seelenvogel" behandelt das Thema Gefühle bzw. die momentane Stimmung eines Menschens. Den Schülern war sehr schnell klar, wie ihr Seelenvogel zu diesem Zeitpunkt aussehen sollte und sie stellten dies in ihren Vorzeichnungen und im Tonobjekt gut dar. Nachdem die Seelenvögel fertig waren, wollten die Kinder unbedingt erraten, in welcher Stimmung sich der Seelenvogel der anderen Kinder befand.

Weiterführende Ideen

Im Fach Religion kann das Bilderbuch „Der Seelenvogel" thematisiert werden. Dazu gibt es ein passendes Religionsprojekt, welches ebenfalls im BVK Buch Verlag Kempen erschienen ist (PA216, ISBN 978-3-86740-659-8).

Fische

Zeit

4 Unterrichtsstunden

Material

Bilder von verschieden geformten Fischen (zu finden unter „Google Bilder“ – Suchbegriff: „Fische“), DIN-A4-Blatt, Bleistift, Radiergummi, Schere, Schulton, Tonabschneider, großes Holzbrett (ca. 40 x 40 cm), Backrolle, Holzlatten (Dicke ca. 1 x 1 cm), evtl. Unterlage zum Gestalten, Holzstäbchen, Schälchen für Wasser, Glasuren oder Acrylfarbe, Schälchen für Glasur / Acrylfarbe, Pinsel, Wasserglas, Lappen, luftdichte Verpackung

Bereiche und Schwerpunkte

- Farbiges Gestalten – Erproben von Materialien, Techniken und Werkzeugen; zielgerichtet gestalten; Präsentieren
- Grafisches Gestalten – Erproben von Materialien, Techniken und Werkzeugen; zielgerichtet gestalten

Lernziele und Kompetenzerwartungen

- Entdecken eigener Ideen für die Gestaltungsmöglichkeit eines Fisches
- Zeichnung eines Fisches
- farbiges Gestalten des getöpferten Fisches

Vorgehensweise

1. Zu Beginn der Kunststunde schauen sich die Schüler gemeinsam mit der Lehrkraft einige Bilder von Fischen an. Sie erzählen, was sie sehen, und stellen die Besonderheiten des Aussehens von Fischen heraus (z. B. Form, Flossen, Schuppen).

2. Nun beginnt die Gestaltungsarbeit. Jedes Kind zeichnet auf ein DIN-A4-Blatt einen möglichst großen Fisch. Natürlich muss häufig radiert werden, bis das Motiv für das Kind zufriedenstellend ist. Anschließend wird der Fisch ausgeschnitten.

3. Im nächsten Schritt erhält jedes Kind ein Stück vom Schulton (ca. 3 – 4 cm dick), den die Lehrkraft mit dem Tonabschneider abtrennt. Den Ton muss das Kind gut durchkneten. Dann geht das Kind an ein großes Holzbrett, auf dem es sein Tonstück glatt ausrollt. Dies gelingt besonders genau mit der Backrolle und den Holzlatten, wie auf Seite 5 beschrieben. Ist die Tondecke so groß wie die Zeichnung, legt das Kind die Tondecke vorsichtig auf eine kleinere Unterlage und nimmt sie mit an seinen Platz. Nun wird die Fischvorlage auf die Tondecke gelegt und mit Hilfe des Holzstäbchens am Rand entlang ausgeschnitten. Dafür muss das Holzstäbchen bis auf die Unterlage in die Tondecke gedrückt und dann am Rand der Vorlage entlanggezogen werden. Alle Tonreste werden gesammelt in einer luftdichten Verpackung aufbewahrt.

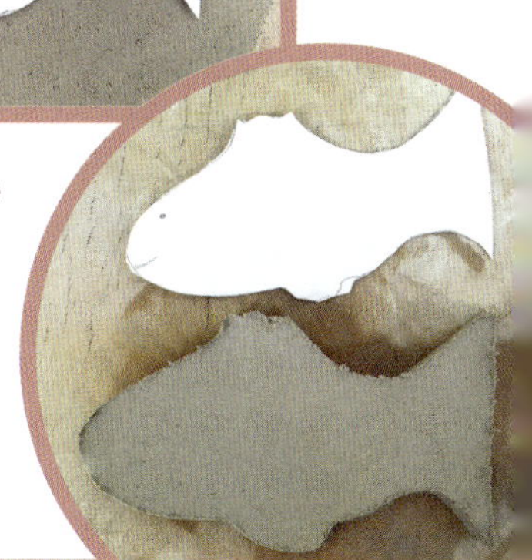

Fische

4. Nun streichen die Schüler den Rand des Fisches mit dem feuchten Zeigefinger etwas glatt, sodass bei der Aushärtung des Tons keine unschönen Kanten zurückbleiben. Im Anschluss werden dem Fisch mit Hilfe des Holzstäbchens weitere Details (z. B. Flossen, Kiemen, Schuppen, Augen etc.) eingeritzt.

5. Ist das Kind mit der Gestaltung einer Fischseite zufrieden, muss der Fisch auf dem kleinen Brett umgedreht werden. Dann gestaltet das Kind die andere Seite.

6. Der Fisch wird dann für ungefähr 7 – 10 Tage zum Trocknen gelegt, bevor er im Brennofen gebrannt wird.

7. Nach dem Schrühbrand und vor der nächsten Unterrichtsstunde füllt die Lehrkraft verschiedene Glasuren in Schälchen ab und stellt diese für die Schüler bereit.

8. Im nächsten Schritt wird der Fisch mit Glasur bemalt. Wichtig ist, dass die Schüler die Glasur zweimal auftragen, damit der Farbauftrag und die Farbgebung gleichmäßig und kräftig sind.

9. Danach kommt der Fisch für den zweiten Brand in den Brennofen.

Schülerarbeiten

Variante

Werden die Fische nach dem Trocknen nicht im Brennofen gebrannt, können die Schüler sie auch mit Acrylfarbe bemalen.

Schülerarbeiten

Fische

Kriterien zur Leistungsbewertung

- Wie detailliert wurde der Fisch gezeichnet?
- Wurde der Fisch genau und sorgfältig aus der Tondecke geritzt?
- Wie kreativ ist die Farbgestaltung des Fisches?
- Wurde die Glasur / Acrylfarbe sorgfältig aufgetragen?

Unsere Erfahrung

Die Schüler zeichneten die Fische sehr genau und gestalteten den Fisch mit Hilfe des Holzstäbchens sehr detailliert.

Weiterführende Ideen

Zu diesem Projekt bietet es sich an, das Bilderbuch „Swimmy“ von Leo Lionni zu thematisieren. Dazu gibt es ein passendes Religionsprojekt, welches ebenfalls im BVK Buch Verlag Kempen (PA170, ISBN 978-3-86740-436-5) erschienen ist.

Schülerarbeiten

Fische

Hähne und Hühner

Zeit

3 Unterrichtsstunden

Material

weißer Schulton, Tonabschneider, Schälchen für Wasser, evtl. Unterlage zum Gestalten, Tonwerkzeuge, Holzstäbchen, Pinsel, rote und gelbe Acrylfarbe, Schälchen für Farbe, Wasserglas, Lappen, orangefarbenes oder rotes Tonpapier (das können auch Reste sein), Federn in verschiedenen Farben, Flüssigkleber, Permanentmarker, luftdichte Verpackung

Bereiche und Schwerpunkte

- Räumliches Gestalten – Erproben von Materialien, Techniken und Werkzeugen; zielgerichtet gestalten
- Farbiges Gestalten – Erproben von Materialien, Techniken und Werkzeugen; zielgerichtet gestalten

Lernziele und Kompetenzerwartungen

- Experimentieren und Formen mit Ton
- Herstellung differenzierter Figuren aus Ton
- Erweiterung der Fertigkeiten im Umgang mit Farben
- bewusste Verwendung der Federfarben

Vorgehensweise

1. Jedes Kind erhält eine halbe (ca. 1 cm dicke) Scheibe Ton, die von der Lehrperson mit einem Tonabschneider abgetrennt wird. Der Ton wird von den Schülern gut durchgeknetet.

2. Die Schüler erstellen jetzt die Form des Huhns oder des Hahns. Die Form sollte dabei am besten länglich sein und unten etwas breiter auslaufen. Es ist dabei darauf zu achten, dass das Tier auf der breiter auslaufenden Seite stehen kann. Zum Glattstreichen wird das Wasser in den Schälchen genutzt.

3. Nun wird das Innere mit entsprechenden Tonwerkzeugen ausgehöhlt. So kann der Tierkörper auch von innen trocknen und die Gefahr, dass er beim Brennvorgang platzt, wird vermieden. Der ausgeschabte Ton kann wieder verwendet werden und muss daher möglichst schnell wieder luftdicht verpackt werden.

4. Im nächsten Schritt müssen die Schüler Löcher mit dem Holzstäbchen an die Stellen in den Ton bohren, in die sie später Federn stecken möchten, beispielsweise am Kopf und am hinteren Teil der Tierform für die Schwanzfedern. Es können auch mehrere Löcher nebeneinander sein. Da der Ton minimal schrumpft, müssen die Löcher etwas breiter als nötig gebohrt werden.

5. Für den Schnabel wird in entsprechender Höhe ein waagerechter Schlitz in den Ton geritzt. Der Schlitz sollte breiter sein als ein Tonpapierstück, welches später als Schnabel hineinpassen sollte. Möchten die Schüler einen Schnabel aus dem Ton formen, ist dies natürlich auch möglich. Hierfür kann der Ton mit zwei Fingerspitzen nach vorne gezupft werden oder es wird aus etwas Restton ein Schnabel geformt und an die Tierform angefügt. Hierbei muss darauf geachtet werden, dass die beiden Tonstücke gut miteinander verbunden werden, da die Teile sonst nicht aufeinander halten.

   Entscheiden sich die Schüler dazu, einen Hahn zu formen, wird am Kopf ein Schlitz für den Kamm in den Ton geritzt. Dieser wird später aus Pappe ausgeschnitten und der Schlitz sollte etwas breiter sein.

6. Die Tierformen werden gebrannt, nachdem sie 7 – 10 Tage an der Luft getrocknet sind.

7. Nach dem Brennvorgang werden nun die Hähne und Hühner gestaltet. Soll das Huhn gelb sein, wird es mit gelber Acrylfarbe angemalt. Aus Ton geformte Schnäbel werden rot angemalt. Da weißer Ton verwendet wird, brauchen die Hähne nicht angemalt zu werden. Anschließend werden die Federn farblich ausgewählt und mit etwas Flüssigkleber in die entsprechenden Löcher gesteckt. Aus orangefarbenem oder rotem Tonpapier wird eine Raute geschnitten. Diese wird in der Mitte geknickt und mit etwas Flüssigkleber als Schnabel in den entsprechenden Schlitz gesteckt. Hier müssen die Schüler mit der Größe etwas experimentieren, damit es für ihren Schlitz passend ist. Ein möglicher Kamm wird ebenfalls passend ausgeschnitten und in den Schlitz am Kopf gesteckt. Die Augen werden mit Permanentmarker aufgemalt.

Kriterien zur Leistungsbewertung

- Wie sorgfältig wurde die Tonfigur hergestellt?
- Wie sorgfältig wurden Schnäbel, Federn und Kämme befestigt?
- Wie sorgfältig wurde angemalt?
- Wurde eine geeignete Farbwirkung erzielt?
- Wie kreativ wurde das Tier gestaltet?

Unsere Erfahrung

Für die Schüler war es schwierig, zu überlegen, wie sie die Form für die spätere Ausgestaltung vorbereiten mussten. Nach dem Anstecken der Federn waren sie dann erstaunt über die schöne Wirkung ihrer Tiere.

Weiterführende Ideen

Dieses Thema eignet sich natürlich besonders für die Osterzeit. Als Tischdekoration zu einem Osterfrühstück sehen die Hähne und Hühner toll aus.

Hähne und Hühner

Fantasiepilze

Zeit
6 Unterrichtsstunden

Material
Für die Fantasiepilze mit Filzstift: Geschichte „Die besonderen Pilze“ (s. S. 29), 1 Blatt weißes Papier in DIN A5, Bleistift, Radiergummi, Filzstifte, Schere, Klebestift, großflächiger grüner Tonkarton (Größe bitte der Anzahl der gemalten Pilze anpassen)
Für die Fantasiepilze aus Ton: Schulton, Tonabschneider, Schälchen für Wasser, evtl. Unterlage zum Gestalten, Tonwerkzeuge, Glasuren oder Acrylfarbe, Schälchen für Glasuren / Acrylfarbe, Pinsel, Wasserglas, Lappen, luftdichte Verpackung

Bereiche und Schwerpunkte
- Räumliches Gestalten – Erproben von Materialien, Techniken und Werkzeugen; zielgerichtet gestalten
- Farbiges Gestalten – Erproben von Materialien, Techniken und Werkzeugen; zielgerichtet gestalten
- Grafisches Gestalten – Erproben von Materialien, Techniken und Werkzeugen; zielgerichtet gestalten

Lernziele und Kompetenzerwartungen
- Malen mit Bleistift und Filzstiften
- Malen eines Fantasiepilzes
- Formen eines Pilzes mit Ton
- Verbinden von einzelnen Tonteilen
- Erweiterung der Fertigkeiten im Umgang mit Farben
- bewusste Verwendung von Farbwirkungen

Vorgehensweise
Das Projekt ist so aufgebaut, dass die Schüler Fantasiepilze zuerst mit Filzstiften und anschließend mit Ton gestalten. Es ist aber auch möglich, sofort mit den Fantasiepilzen aus Ton zu beginnen.

Fantasiepilze mit Filzstiften gestalten
1. Die Lehrkraft liest die Geschichte „Die besonderen Pilze“ vor.

2. Die Schüler sprechen über die Geschichte und stellen ihre eigenen Vermutungen an, was mit den Pilzen passiert sein könnte.

3. Nun erhalten die Schüler den Auftrag, eigene Fantasiepilze zu entwerfen. Dazu zeichnen sie ihren Pilz auf einem weißen DIN-A5-Blatt großflächig vor. Wichtig ist, dass der Pilz zwar eine besondere Form hat, aber immer noch als Pilz zu erkennen ist. Das heißt, er muss in jedem Fall einen Hut und einen Stiel haben. Die Aufgabe dient in erster Linie dazu, sich mit einem Fantasiepilz auseinanderzusetzen. Es ist aber nur eingeschränkt möglich, den vorgezeichneten Pilz später genauso mit Ton umzusetzen.

Fantasiepilze

4. Anschließend malen die Schüler ihren Pilz mit Filzstiften aus.

5. Im nächsten Schritt wird der Pilz ausgeschnitten und mit Klebestift von jedem Kind auf einen großen grünen Bogen Tonkarton geklebt, sodass ein Klassenplakat entsteht.

Schülerarbeiten

Fantasiepilze aus Ton

1. Wenn die Fantasiepilze nicht zuvor mit Filzstift gestaltet wurden, liest die Lehrkraft jetzt die Geschichte vor. Sonst wiederholen die Schüler noch einmal den Inhalt der Geschichte „Die besonderen Pilze".

2. Ausgehend von ihren Filzstiftpilzen gestalten die Schüler Pilze aus Ton. Dabei dürfen die Schüler auch von ihrem Pilz abweichen. Wurde der erste Teil des Projektes nicht durchgeführt, beginnen die Schüler sofort mit der Tonarbeit oder erstellen eine Zeichnung, wenn sie dies wünschen.

3. Die Lehrerin schneidet mit dem Tonabschneider für jedes Kind eine ungefähr 1 cm dicke Tonschicht ab. Der Ton wird von den Schülern gut durchgeknetet. Alle Tonreste werden in einer luftdichten Verpackung aufbewahrt.

4. Zuerst wird der Hut des Pilzes aus Ton geformt. Danach gestalten die Schüler den Stiel. Dazu benutzen sie diverse Tonwerkzeuge. Beide Teile des Pilzes müssen nun miteinander verbunden werden. Hierfür setzen die Schüler die Teile aufeinander und verbinden die Stücke an den aufeinandertreffenden Stellen mit Wasser. Es ist wichtig, dass sie richtig verbunden werden, da die Teile sonst nicht aufeinander halten und beim Brennen auseinanderbrechen. Wichtig ist ein gerader Abschluss des Stiels an der Standfläche, sodass die Pilze nachher stehen können. Dicke Pilzstengel sollten von unten etwas ausgehöhlt werden. So kann der Pilz auch von innen antrocknen und die Gefahr, dass er beim Brennvorgang platzt, wird vermieden.

Fantasiepilze

5. Nach etwa 7 – 10 Tagen Trocknungszeit werden die Pilze gebrannt.

6. Zur Vorbereitung der nächsten Stunde füllt die Lehrkraft die Glasuren in kleine Schälchen.

7. Die Schüler malen nun die Pilze mit Glasur an. Dabei ist darauf zu achten, dass sie die Glasuren zweimal auftragen.

8. Dann werden die Tonpilze ein zweites Mal gebrannt.

Schülerarbeiten

Variante

Nach Schritt 5 ist es auch möglich, dass die Schüler die Pilze mit Acrylfarbe bemalen.
Beim Bemalen können sich die Schüler nur bedingt an die Farbe ihrer eventuellen Vorzeichnung halten, da die Farbenvielfalt von Filzstiften meist höher ist als die von Acrylfarben oder Glasuren.

Kriterien zur Leistungsbewertung

- Wie sorgfältig wurden die Filzstift-Fantasiepilze gestaltet (ausgemalt, ausgeschnitten)?
- Wie kreativ sind die Filzstift-Fantasiepilze?
- Wie eigenständig und sorgfältig wurden die Fantasiepilze aus Ton hergestellt?
- Wie kreativ sind die Pilze aus Ton?
- Ist die Farbwirkung des Tonpilzes gelungen?

Unsere Erfahrung

Die Schüler haben sich oft an den Ideen der Filzstiftpilze orientiert. Sie hatten großen Spaß daran, sich verschiedene Formen auszudenken. Einige Ideen mussten verworfen werden, damit die Pilze am Ende stehen konnten.

Weiterführende Ideen

Es bietet sich an, im Sachunterricht das Thema Pilze zu behandeln.

Schülerarbeiten

Fantasiepilze

Fantasiepilze

Fantasiepilze

Geschichte: Die besonderen Pilze

„Oma", rief Charlotte, „können wir heute Pilze pflücken gehen?"
„Au ja", stimmte Elisa ihr vergnügt zu. „Du kennst dich mit Pilzen aus und kannst uns zeigen, welche wir pflücken können!"
Oma Erna antwortete: „Das können wir gern machen! Aber ihr müsst dabei Geduld haben. Man muss oft lange suchen! Und wenn ich mich zum Pilze sammeln aufmache, möchte ich auch genug für eine Mahlzeit für uns alle haben."
Also machten die drei sich mit Körben ausgestattet auf den Weg in den Wald. Lange Zeit fanden sie nicht einen einzigen Pilz und die beiden Mädchen wurden sehr ungeduldig.
„Oma! So macht Pilze suchen keinen Spaß!", grummelten beide. Doch da entdeckte Oma Erna eine Ecke mit Steinpilzen.
Sorgfältig legten die Kinder die gesammelten Pilze in den Korb! Jetzt waren sie so begeistert, dass sie weiter ins Gebüsch gingen und gar nicht mehr darauf achteten, wo ihre Oma war.
Und was sah Elisa da? Es schimmerte und leuchtete etwas durch ein paar Äste.
„Da! Siehst du das?", schrie Charlotte voller Aufregung. „Lass uns die Äste entfernen und schauen, was das ist!"
Mit all ihrer Kraft stießen sie die Äste beiseite. Und als ihr Blick auf den Boden fiel, standen ihre Münder vor Staunen offen. Sie sahen Pilze, wie sie sie noch nie gesehen hatten. Sie hatten verschiedene Farben und unterschiedliche Formen und jeder Pilz sah anders aus.
„Unglaublich!", flüsterte Elisa. „Die müssen wir unbedingt Oma zeigen!" „Lass uns einige mitnehmen", schlug Charlotte vor.
Und das machten sie auch. Jede von ihnen trennte die schönsten Pilze ab, legte sie vorsichtig in den Korb und deckte ein Tuch darüber. Dann liefen sie wieder zurück, um ihre Oma zu suchen. Sie konnten es gar nicht erwarten, ihrer Oma die außergewöhnlichen Pilze zu zeigen.

Oma Erna kniete nicht weit entfernt von dem Ort mit den besonderen Pilzen und trennte gerade weitere Steinpilze ab. „Oma, Oma! Du wirst nicht glauben, was für besondere Pilze wir gefunden haben!", riefen die beiden aufgeregt.
„Ihr werdet doch wohl nicht Pilze abgemacht haben, die ihr nicht kennt! Ihr wisst doch, dass Pilze giftig sein können!", schimpfte die Oma verärgert.
Daran hatten die Mädchen in ihrer Aufregung gar nicht gedacht.
Die Oma hob das Tuch ab und was war zu sehen? Nichts als Steinpilze! Die Oma fragte: „Und wo sind jetzt die besonderen Pilze?"
Charlotte und Elisa schauten sich verblüfft an!
Das konnten sie sich nicht erklären! Sie liefen zu der Stelle, an der sie die Pilze gefunden hatten. Dort lagen auch noch die Äste, die sie beiseite geräumt hatten. Nun würden die Mädchen ihrer Oma die Pilze zeigen können. Aber was war das? Es war kein einziger Pilz mehr da. Erstaunt standen die Kinder da.
„Das müssen wohl Fantasiepilze gewesen sein!", lachte Oma Erna.
Die Mädchen grübelten noch lange darüber nach und konnten sich nicht erklären, was passiert war. Sie wussten doch, was sie gesehen hatten! Und sie hatten die Pilze doch mit eigenen Händen in den Korb gelegt. Vielleicht waren diese Pilze wirklich Fantasiepilze und einfach nur für sie kurze Zeit sichtbar gewesen. Sie wussten es nicht.
Damit sie nicht vergaßen, wie die besonderen Pilze aussahen, nahmen sie sich vor, die Pilze aufzumalen oder sogar mit Ton zu gestalten.

Katzen frei nach Rosina Wachtmeister

Zeit
3 Unterrichtsstunden

Material
Bilder mit Katzen der Künstlerin Rosina Wachtmeister (zu finden unter „Google Bilder" – Suchbegriff „Rosina Wachtmeister Katzen"), DIN-A4-Papier, Bleistift, Radiergummi, Schulton, Tonabschneider, Schälchen für Wasser, evtl. Unterlage zum Gestalten, Holzstäbchen, Tonwerkzeuge, Schälchen für Glasuren / Farbe, Glasuren oder Acrylfarbe, Wasserglas, Lappen, Pinsel, luftdichte Verpackung

Bereiche und Schwerpunkte
- Räumliches Gestalten – Erproben von Materialien, Techniken und Werkzeugen; zielgerichtet gestalten
- Farbiges Gestalten – Erproben von Materialien, Techniken und Werkzeugen; zielgerichtet gestalten

Lernziele und Kompetenzerwartungen
- Experimentieren und Formen mit Ton
- Herstellung differenzierter Figuren mit Ton
- Verbinden von einzelnen Tonteilen
- Erweiterung der Fertigkeiten im Umgang mit Farben

Vorgehensweise
1. Die Schüler schauen sich gemeinsam mit der Lehrkraft einige Kunstwerke von Rosina Wachtmeister an, auf denen Katzen abgebildet sind. Sie erzählen, was sie sehen und was das Besondere an den Bildern ist.

Biografie
Rosina Wachtmeister ist eine zeitgenössische bildende Künstlerin und Bildhauerin aus Österreich. Sie wurde 1939 in Wien geboren, hat eine Zeit lang in Brasilien gelebt und ist heute in Rom zu Hause. Sie ist eine Vertreterin der naiven Kunst. Sie wurde durch zahlreiche Ausstellungen in der ganzen Welt bekannt, vor allem mit ihren charakteristischen Darstellungen von Katzen. Ihre Katzenkunstwerke erkennt man relativ schnell, da sich die sehr markante Kopfform der Katzen immer wiederholt und die Katzenkörper mit farbigen Mustern versehen sind. Nach ihren Motiven werden auch Keramikfiguren aus Porzellan hergestellt, die bei Sammlern sehr beliebt sind.

2. Nun beginnt die Arbeit. Es ist den Schülern freigestellt, ob sie direkt mit der Arbeit mit Ton beginnen oder ob sie vorher eine Zeichnung ihrer Katze anfertigen wollen. Machen Sie deutlich, dass die Schüler nicht die Künstlerin kopieren, sondern eine eigene Katze gestalten sollen. Wer direkt mit der Tonarbeit beginnt, erhält von der Lehrkraft eine etwa 2 cm dicke Tonscheibe, die mit dem Tonabschneider abgeschnitten wird. Alle Tonreste werden in einer luftdichten Verpackung aufbewahrt.

Katzen frei nach Rosina Wachtmeister

3. Da dieses Projekt erst durchgeführt werden kann, wenn die Schüler schon Vorkenntnisse beim Arbeiten mit Ton erworben haben, beginnen die Schüler sofort mit der Arbeit. Sie kneten den Ton gut durch und wenden dann unterschiedliche Techniken und verschiedene Tonwerkzeuge zum Gestalten an. Je nach Größe erhalten die Schüler weiteren Ton.
   Zuerst formen sie einen Grundkörper, der ihren Vorstellungen entspricht. Gegebenenfalls setzen sie nun weitere Tonteile an den Katzenkörper an (Schwanz, Ohren etc.). Dazu setzen die Schüler die Teile aufeinander und verbinden die Stücke an den aufeinandertreffenden Stellen mit Wasser. Die Schüler müssen beim Formen darauf achten, dass ihre Katze einen sicheren Stand hat. Mit Holzstäbchen und Tonwerkzeugen werden Augen, Nasen, Pfoten, Körperteile, Schwänze und andere Konturen eingeritzt. Wichtig ist nun noch, die Katze von unten etwas auszuhöhlen, damit der Katzenkörper auch von innen trocknen kann.

4. Die Katzen kommen nach 7 – 10 Tagen Trocknungszeit in den Brennofen.

5. Nach dem Schrühbrand malen die Schüler die Katzen mit Glasur an. Die Schüler achten darauf, die Farben zweimal aufzutragen.

6. Anschließend kommen die Katzen zum Glasurbrand erneut in den Brennofen.

Variante

Nach Schritt 4 ist es auch möglich, dass die Schüler die Katzen mit Acrylfarbe bemalen.

Kriterien zur Leistungsbewertung

- Wie differenziert wurde die Tonfigur hergestellt?
- Wie sorgfältig wurde geformt?
- Wurde eine geeignete Farbwirkung erzielt?
- Wie sorgfältig wurde die Farbe aufgetragen?
- Wie kreativ wurde die Katze gestaltet?

Schülerarbeit

Unsere Erfahrung

Es entstehen ganz unterschiedliche Katzenkörper, die aber alle als Katzen erkennbar sind. Nachdem die Katzen fertig gestaltet wurden, hatten die Schüler Spaß daran, aus dem Restton Körbchen und Katzenspielzeug zu formen.

Weiterführende Ideen

Im Fach Sachunterricht kann zum Thema Katzen oder Haustiere gearbeitet werden. Hierzu gibt es ein Themenheft im BVK Buch Verlag Kempen (TH56, 978-3-86740-827-1). Im Fach Deutsch bietet sich eine Beschreibung einer Katze an, da alle Schüler unterschiedliche Katzen erstellen.

Katzen frei nach Rosina Wachtmeister

Wunzelbunzel

Zeit
4 Unterrichtsstunden
(+ 4 Unterrichtsstunden für das Zuhause des Wunzelbunzels)

Material
weißes DIN-A4-Blatt, Bleistift, Radiergummi, Schulton, Tonabschneider, Schälchen für Wasser, evtl. Unterlage zum Gestalten, Holzstäbchen, Tonwerkzeuge, Schälchen für Glasur / Acrylfarbe, Glasuren oder Acrylfarbe, Wasserglas, Lappen, Pinsel, luftdichte Verpackung
Für das Zuhause des Wunzelbunzels (optional durchführbar): Schuhkarton für jedes Kind, verschiedene Materialien zum Gestalten des Schuhkartons (zum Beispiel unterschiedliche Papiere, Stoffreste, Wolle, Federn, kleine Schachteln, Bänder, Schwämmchen, Styropor®-Kugeln, Verpackungsmaterial usw.), Acrylfarben in verschiedenen Farbtönen, Pinsel, Schälchen für Farbe, Schere, Klebestift, Bastelkleber, Heißklebepistole

Bereiche und Schwerpunkte
- Räumliches Gestalten – Erproben von Materialien, Techniken und Werkzeugen; zielgerichtet gestalten
- Farbiges Gestalten – Erproben von Materialien, Techniken und Werkzeugen; zielgerichtet gestalten

Lernziele und Kompetenzerwartungen
- Experimentieren und Formen mit Ton
- Herstellung differenzierter Figuren mit Ton
- Verbinden von einzelnen Tonteilen
- Erweiterung der Fertigkeiten im Umgang mit Farben
- bewusste Verwendung von Farbwirkungen durch Kombination und Gliederung
- Gestalten eines Schuhkartons mit verschiedenen Materialien und Farben

Vorgehensweise
1. Die Lehrkraft erklärt den Schülern, dass in dieser Einheit Wunzelbunzel aus Ton gestaltet werden. Sicherlich werden die Schüler fragen, was ein Wunzelbunzel ist. Erklären Sie, dass ein Wunzelbunzel ein Fantasiewesen ist und es der Vorstellungskraft von jedem einzelnen Kind überlassen bleibt, wie es aussieht.

2. Die Schüler dürfen sich nun in Partnerarbeit, in kleinen Gruppen oder mit der ganzen Klasse darüber unterhalten, was ein Wunzelbunzel sein könnte.

3. Nun beginnt die Arbeit. Es ist den Schülern freigestellt, ob sie direkt mit der Arbeit mit Ton beginnen oder ob sie vorher eine Zeichnung ihres Wunzelbunzels anfertigen wollen.
Wer mit der Tonarbeit beginnt, erhält von der Lehrkraft eine etwa 2 cm dicke Tonscheibe, die mit dem Tonabschneider abgeschnitten wird. Alle Tonreste sollten in einer luftdichten Verpackung aufbewahrt werden, damit sie nicht austrocknen.

Wunzelbunzel

4. Da dieses Projekt erst durchgeführt werden kann, wenn die Schüler schon Vorkenntnisse zum Arbeiten mit Ton erworben haben, beginnen die Schüler sofort mit der Arbeit. Sie kneten den Ton gut durch, wenden dann unterschiedliche Techniken an und verschiedene Tonwerkzeuge zum Gestalten. Je nach Größe erhalten die Schüler weiteren Ton. Alle Tonreste werden in einer luftdichten Verpackung aufbewahrt. Zuerst formen die Schüler einen Grundkörper, der ihren Vorstellungen entspricht. Gegebenenfalls setzen sie nun Tonteile daran. Dazu nehmen sie mit dem Finger Wasser auf und verstreichen den Ton gründlich von allen Seiten an den aufeinandertreffenden Stellen, da sonst die Gefahr besteht, dass die Teile beim Brennen abbrechen. Hierbei ist es auch möglich, die beiden Teile an den Verbindungsstellen mit Holzstäbchen anzuritzen, sie festzudrücken und außen den Ton so lange mit feuchten Fingern glattzustreichen, bis sich die einzelnen Tonschichten verbunden haben. Wichtig ist nun noch, das Wunzelbunzel von innen auszuhöhlen, damit kein zu dicker Tonkörper entsteht, der beim Brennvorgang platzen könnte.

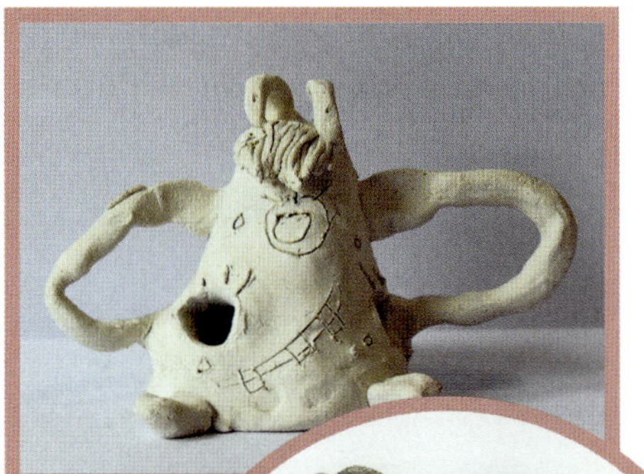

5. Nach 7 – 10 Tagen Trocknungszeit kommen die Wunzelbunzel in den Brennofen.

6. Unmittelbar vor der nächsten Einheit füllt die Lehrperson die Glasuren in kleine Schälchen ab.

7. Dann malen die Schüler die Wunzelbunzel mit Glasuren an. Die Schüler achten darauf, die Farben zweimal gründlich aufzutragen.

8. Anschließend werden die Wunzelbunzel erneut im Brennofen gebrannt.

Variante

Es ist auch möglich, die Wunzelbunzel nach Schritt 5 mit Acrylfarbe zu bemalen.

Optional kann nun noch ein Zuhause für die Wunzelbunzel gestaltet werden:

1. Hierfür sollen die Schüler einen Schuhkarton mitbringen. Alternativ besorgt die Lehrkraft alle Schuhkartons und fragt dazu in Schuhgeschäften an, ob sie Kartons sammeln können, bis die gewünschte Anzahl erreicht ist.

2. Die Schüler starten mit der Gestaltung des Hintergrundes und bemalen das Innere des Kartons oder bekleben es mit Papier. Ob die Schüler den Karton mit oder ohne Deckel benutzen oder ihn noch zurechtschneiden, ist ihnen freigestellt. Anschließend nutzen sie die Materialien, um dem Wunzelbunzel ein Zuhause zu bauen. Da sich das Projekt über mehrere Stunden erstreckt, können die Schüler auch von zu Hause Material mitbringen und entstandene Ideen umsetzen. Die Lehrkraft hilft, indem sie Tipps zur Umsetzung gibt und größere Materialien mit der Heißklebepistole festklebt.

Wunzelbunzel

3. Für schnell arbeitende Schüler besteht die Möglichkeit, den Schuhkarton auch von außen zu gestalten.

Schülerarbeit

Kriterien zur Leistungsbewertung

- Wie differenziert wurde die Tonfigur hergestellt?
- Wie sorgfältig wurde geformt?
- Wurde eine geeignete Farbwirkung erzielt?
- Wie sorgfältig wurde die Farbe aufgetragen?
- Wie kreativ wurde das Wunzelbunzel gestaltet?

Das Zuhause des Wunzelbunzels:

- Wie sorgfältig und eigenständig wurde gearbeitet?
- Wurden die Materialien und die gewählten Farbtöne passend eingesetzt?
- Wie kreativ und detailreich ist die Gestaltung des Schuhkartons?

Unsere Erfahrung

Es entstehen Wunzelbunzel, die alle völlig unterschiedlich aussehen. Manche Schüler haben sofort eine Idee, während andere länger experimentieren und immer wieder Genaueres über das Aussehen des Wunzelbunzels erfahren wollen. Da die Lehrperson selbst nicht weiß, wie ein Wunzelbunzel aussieht, ist das Projekt besonders spannend für die Schüler und sie wissen, dass sie nichts falsch machen können.

Weiterführende Ideen

Im Fach Deutsch kann zu diesem Projekt geschrieben werden. Wer ist das Wunzelbunzel? Wo wohnt es? Und was erlebt es?

Schülerarbeiten

Wunzelbunzel